Essa Mãozinha Vai Longe

Caligrafia 2

Nova Edição

Ensino Fundamental 1

Thayanne Gabryelle • Vilza Carla

3ª edição
São Paulo, 2021.

Dados Internacionais de Catalogação na Publicação (CIP)
(Câmara Brasileira do Livro, SP, Brasil)

Gabryelle, Thayanne
   Essa mãozinha vai longe : caligrafia 2 : ensino fundamental / Thayanne Gabryelle, Vilza Carla. -- 3. ed. -- São Paulo : Editora do Brasil, 2021.

   ISBN 978-65-5817-315-1 (aluno)
   ISBN 978-65-5817-316-8 (professor)

   1. Caligrafia (Ensino fundamental) I. Carla, Vilza. II. Título.

20-52105   CDD-372.634

Índices para catálogo sistemático:
1. Caligrafia: Ensino fundamental 372.634
Cibele Maria Dias - Bibliotecária - CRB-8/9427

© Editora do Brasil S.A., 2021
Todos os direitos reservados

Direção-geral: Vicente Tortamano Avanso

Direção editorial: Felipe Ramos Poletti
Gerência editorial: Erika Caldin
Supervisão de arte: Andrea Melo
Supervisão de editoração: Abdonildo José de Lima Santos
Supervisão de revisão: Dora Helena Feres
Supervisão de iconografia: Léo Burgos
Supervisão de digital: Ethel Shuña Queiroz
Supervisão de controle de processos editoriais: Roseli Said
Supervisão de direitos autorais: Marilisa Bertolone Mendes

Supervisão editorial: Júlio Fonseca
Edição: Mariana Tomadossi e Rogério Cantelli
Assistência editorial: Patrícia Harumi
Auxílio editorial: Douglas Bandeira
Especialista em copidesque e revisão: Elaine Silva
Copidesque: Gisélia Costa, Ricardo Liberal e Sylmara Belleti
Revisão: Alexandra Resende, Fernanda Prado, Flavia Gonçalves e Rosani Andreani
Pesquisa iconográfica: Isabela Meneses
Assistência de arte: Leticia Santos e Lívia Danielli
Design gráfico: Gabriela César e Talita Lima
Capa: Megalo Design
Edição de arte: Felipe Borba
Imagem de capa: Claudia Marianno
Ilustrações: Camila de Godoy, Carolina Sartório, Danilo Souza, HeartCRFT/Shutterstock.com (ícones), Lorena Kaz e Silvana Rando
Editoração eletrônica: NPublic/Formato Editoração
Licenciamentos de textos: Cinthya Utiyama, Jennifer Xavier, Paula Harue Tozaki e Renata Garbellini
Produção fonográfica: Jennifer Xavier e Cinthya Utiyama
Controle de processos editoriais: Bruna Alves, Carlos Nunes, Stephanie Paparella, Terezinha de Fátima Oliveira e Valeria Alves

3ª edição, 4ª impressão 2025
Impresso na PifferPrint

Avenida das Nações Unidas, 12901
Torre Oeste, 20º andar
São Paulo, SP – CEP: 04578-910
Fone: +55 11 3226-0211
www.editoradobrasil.com.br

Sua mãozinha vai longe

Ó mãozinhas buliçosas!
Não me dão sossego ou paz,
Volta-e-meia elas aprontam
Uma reinação: zás-trás! [...]

Mas se chegam carinhosas
Quando querem me agradar
– Que delícia de mãozinhas!
Já não posso me zangar...

Não resisto às covinhas,
À fofura, à maciez
Das mãozinhas buliçosas:
Me derreto duma vez!

Tatiana Belinky. *Cinco trovinhas para duas mãozinhas*. São Paulo: Editora do Brasil, 2008. p. 4, 12.

Ilustrações: Carolina Sartório

Currículos

Thayanne Gabryelle*

- Licenciada em Pedagogia.
- Especializada em Pedagogia aplicada à Música, Harmonia e Morfologia.
- Professora do Ensino Fundamental das redes particular e pública de ensino por vários anos.
- Professora de curso de formação de professores de 1º grau.
- Autora de livros didáticos na área de Educação Infantil e Ensino Fundamental.

*A autora Celme Farias Medeiros utiliza o pseudônimo Thayanne Gabryelle em homenagem a sua neta.

Vilza Carla

- Graduada em Pedagogia com habilitação em Orientação Educacional.
- Pós-graduada em Psicopedagogia.
- Autora da Coleção Tic-Tac – É Tempo de Aprender, de Educação Infantil, da Editora do Brasil.
- Vários anos de experiência como professora de crianças em escolas das redes particular e pública, nas áreas de Educação Infantil e Ensino Fundamental.

Quem tem asas

Passarinhos
São os mais coloridos
Dos anjinhos.

Passarinhos
São crianças.

Enquanto eles voam
Porque são o que são,
Elas podem voar
Com as asas
Da imaginação.

Lalau. *Zum-zum-zum e outras poesias*.
São Paulo: Companhia das Letrinhas, 2007. p. 8.

Este livro é de

_____

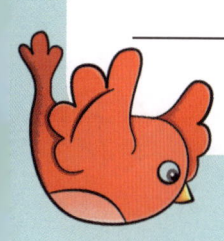

Ilustrações: Carolina Sartório

Sumário

Coordenação visomotora 7-14

Vogais 15-19
Juntando as vogais 20-22

Consoantes 23-24

Ordem alfabética 25-27

Sílabas 30-32
Palavras monossílabas 33, 35
Palavras dissílabas 34-35
Palavras trissílabas 36
Palavras polissílabas 37

Acento agudo 40

Acento circunflexo 41

Til 44

Cedilha 45-46

Frase 49
Afirmativa 50-51
Negativa 52-53
Interrogativa 54-55
Exclamativa 56-57

Substantivo 60
Substantivo comum 60, 63
Substantivo próprio 61-63
Substantivos masculino e feminino 64-66
Substantivos no singular e no plural 67-73
Substantivo no grau diminutivo 74-75, 78
Substantivo no grau aumentativo 76-78

Adjetivo 81-83

Treino ortográfico
M antes de p e b e no final das palavras 28-29
Palavras com ss 38-39
Palavras com rr 42-43
Palavras com ch 47-48
Palavras com lh 58-59
Palavras com nh 79-80

Números 84
Família do 10 85-86
Família do 20 87-88
Família do 30 89-90
Família do 40 91-92
Família do 50 93-94
Família do 60 95-96
Família do 70 97-98
Família do 80 99-100
Família do 90 101-102
Número 100 103-105

Datas comemorativas
Carnaval 106
Páscoa 107
Dia do Índio 108
Dia das Mães 109
Festas Juninas 110
Dia dos Pais 111
Dia da Criança 112

Coordenação visomotora

*Criança é frutinha verde,
logo verde é cor da infância,
Deus fez verde a natureza
pra vestir o olhar dos homens
da boa cor das crianças.*

Elza Beatriz. *Pare no P da poesia*. São Paulo: FTD, 2013. p. 30.

- Complete e pinte os desenhos.

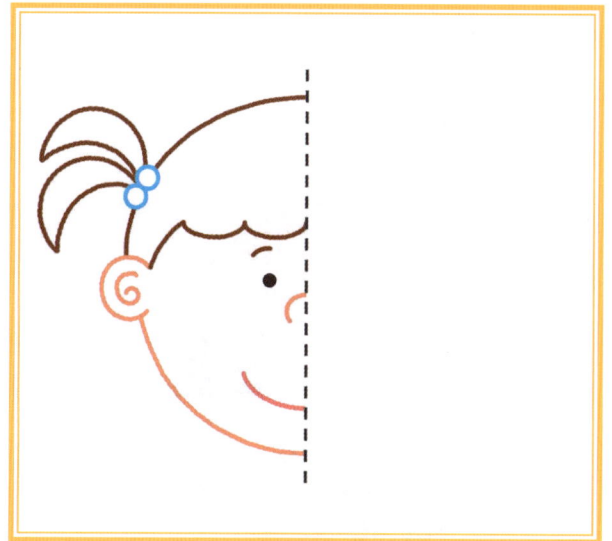
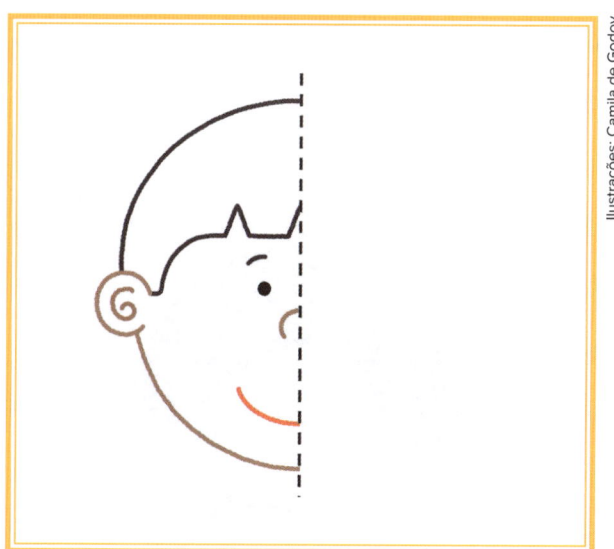
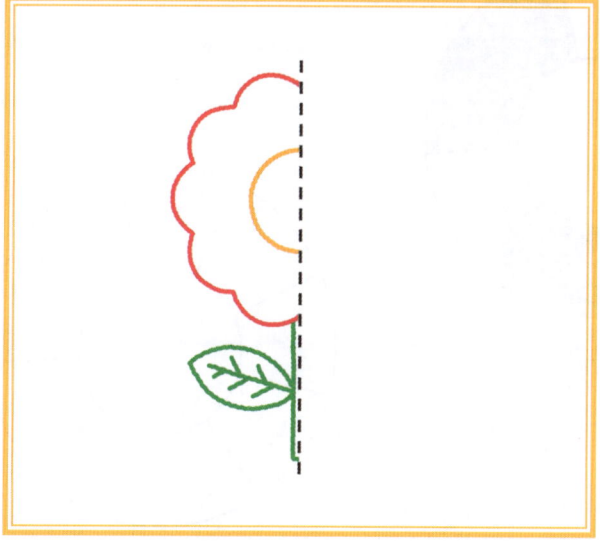

- Observe e complete a sequência de cores de cada boia. Depois, pinte com duas cores de sua preferência a boia que está sem cor.

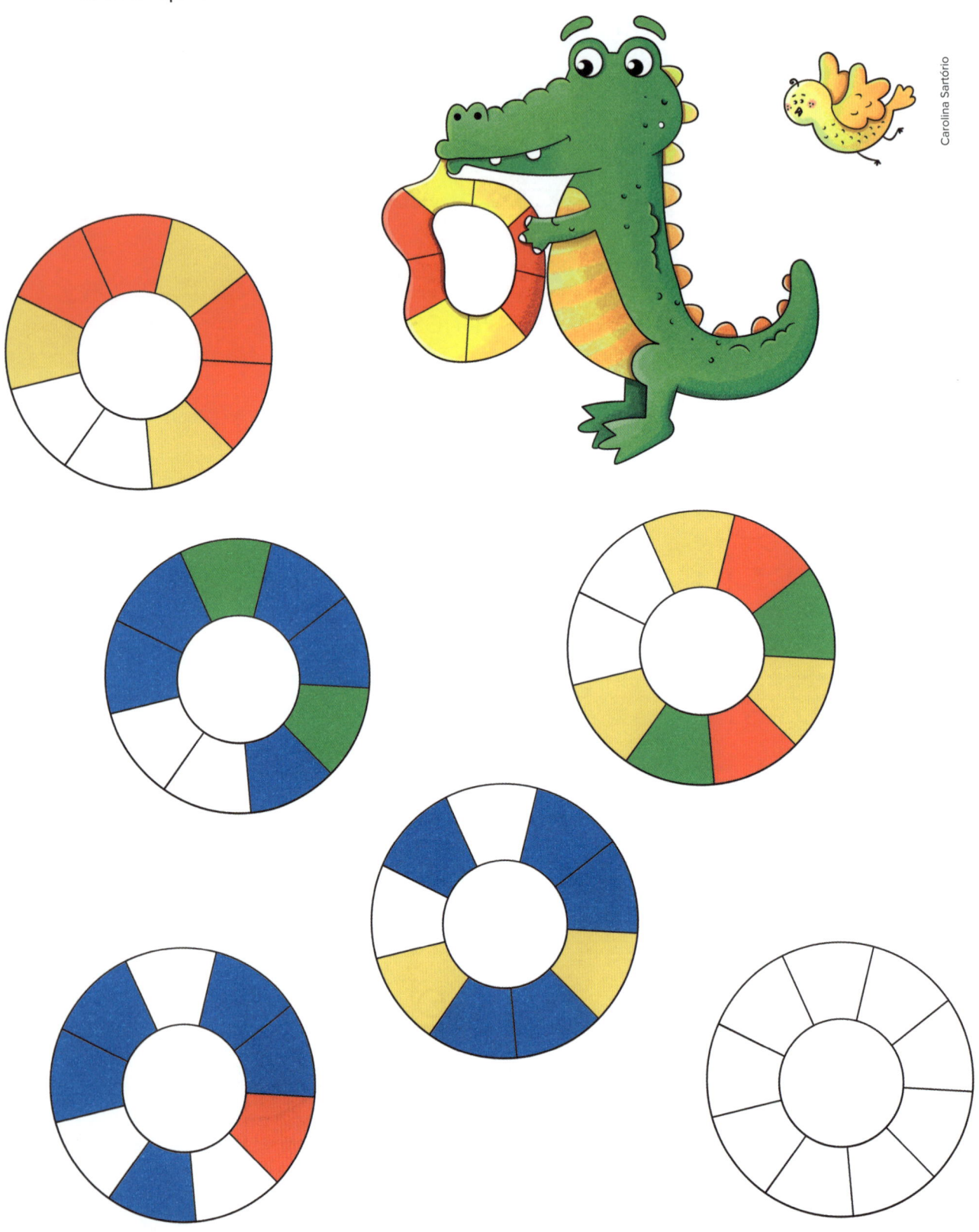

- Cubra o tracejado e trace uma linha sobre o fio, com atenção para não sair dos limites. Comece sempre pelas setas.

- **Brinque com a parlenda e aprenda a desenhar um gato.**

*Era uma vez
um gato maltês.
Tocava piano e falava francês.
Queres que te conte outra vez?*

Parlenda.

- Observe a cena com atenção. Nela, encontre e marque um **X** nos objetos que aparecem dentro do retângulo. Depois, pinte a cena com capricho.

- Entre no labirinto pela seta azul e faça uma linha até chegar ao ponto verde. Depois, termine de pintar as cenourinhas.

Você sabia...

Que os dentes dos coelhos não param de crescer? Por essa razão, eles estão sempre mordendo ou roendo alguma coisa dura.

- Pinte a figura de baixo igual ao modelo a seguir.

- Encontre vários animais no emaranhado e cubra o tracejado de cada um com uma cor diferente. Para cada animal encontrado, pinte um quadrinho com a mesma cor que você usou para cobri-lo.

Vogais

Nosso alfabeto é composto de **26** letras. Delas, **5** letras são chamadas de **vogais**: **a**, **e**, **i**, **o**, **u**.

- Leve Felipe até Luana pisando somente nas casinhas que contenham vogais. Faça um **X** em cima de cada uma delas.

- Agora, cubra e transcreva as vogais minúsculas e maiúsculas.

- Encontre e pinte no diagrama 6 palavras que iniciam com vogal. Depois, escreva-as nas pautas.

u	n	h	a	s	m	l	o
e	f	t	h	m	a	e	q
a	t	f	a	r	a	r	a
i	o	i	ô	x	q	d	a
g	l	o	u	v	i	d	o
e	s	c	o	l	a	u	d
a	g	p	l	q	o	v	o
o	v	c	a	a	m	u	a

16

- Cubra todas as vogais tracejadas e, depois, leia a parlenda substituindo as imagens por palavras.

Fui à feira comprar

Encontrei uma

Pisei no rabo dela,
Ela me chamou de

Parlenda.

- Cubra, leia e transcreva as palavras. Depois, ilustre-as.

asa   Cina   Cibel

Eva   Edu   escada

ioiô   Ivo   Isabel

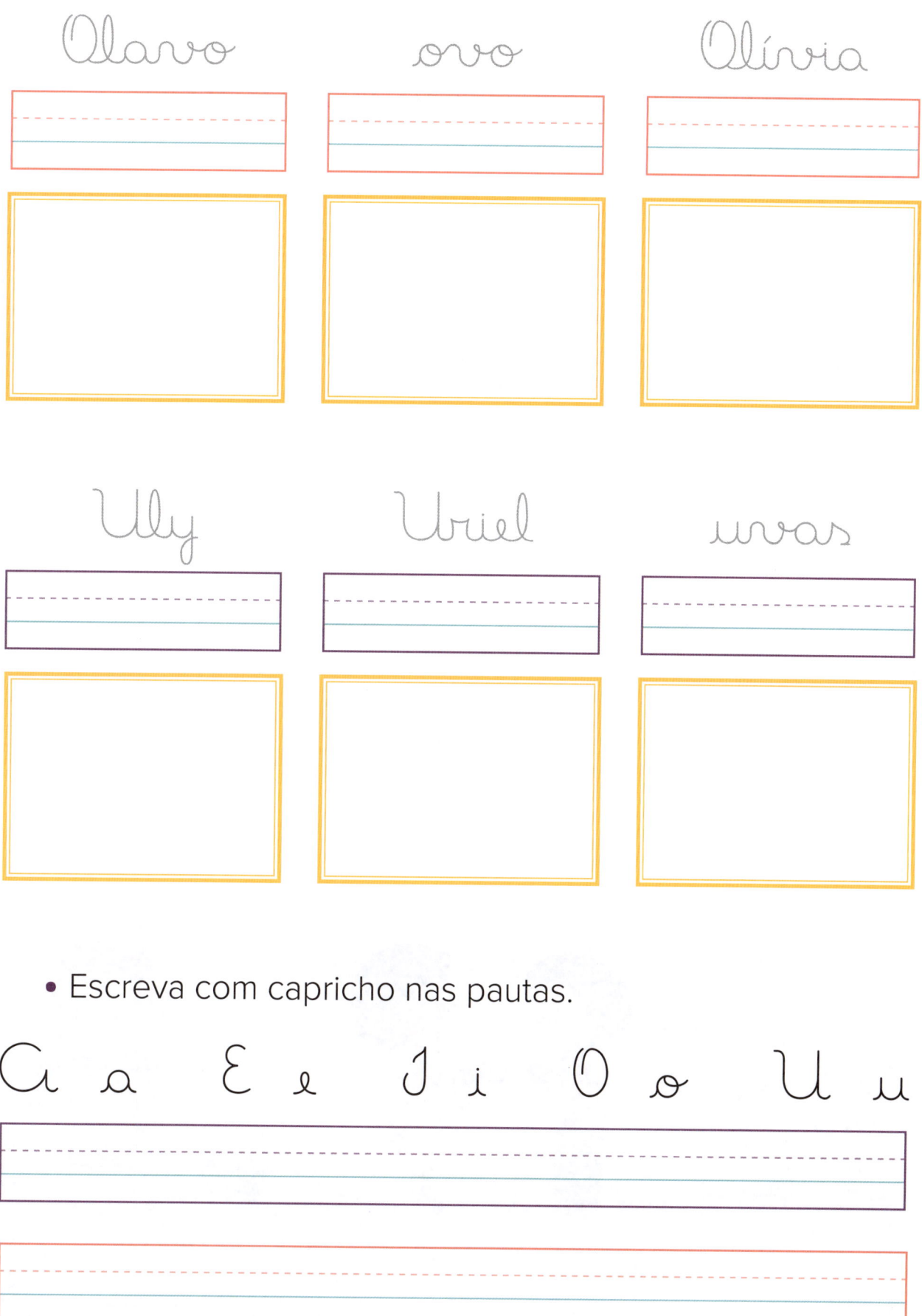

- Escreva com capricho nas pautas.

Aa Ee Ii Oo Uu

Juntando as vogais

- Cubra as palavras e transcreva-as com capricho.

- Complete o poema cobrindo as palavras.

Bicho carpinteiro

O bicho carpinteiro
faz armário e tabuleiro,
mas quando chega fevereiro,
mês de folia e pandeiro,
abandona a profissão.

E faz bagunça o tempo inteiro,
requebrando no terreiro
com o serrote na mão.

Luís Pimentel. *Bicho solto*. São Paulo: Editora do Brasil, 1992. p. 18-19.

- Agora, transcreva nas colunas as palavras do poema que você cobriu, de acordo com as junções das vogais.

Consoantes

> Você já sabe que nosso alfabeto é composto de **26** letras e que **5** delas se chamam **vogais**.
> As outras **21** letras são chamadas de **consoantes**.

- Cubra e transcreva as consoantes minúsculas em letra cursiva.

b   c   d   f   g   h   j

k   l   m   n   p   q   r

s   t   v   w   x   y   z

- Agora, cubra e transcreva as consoantes maiúsculas em letra cursiva.

B   C   D   F   G

H   J   K   L   M

N   P   Q   R   S

T   V   W   X   Y   Z

Ordem alfabética

- Complete a ordem alfabética com as letras minúsculas que faltam.

- Escreva o nome dos colegas da turma em ordem alfabética.

- Agora, complete a ordem alfabética com as letras maiúsculas.

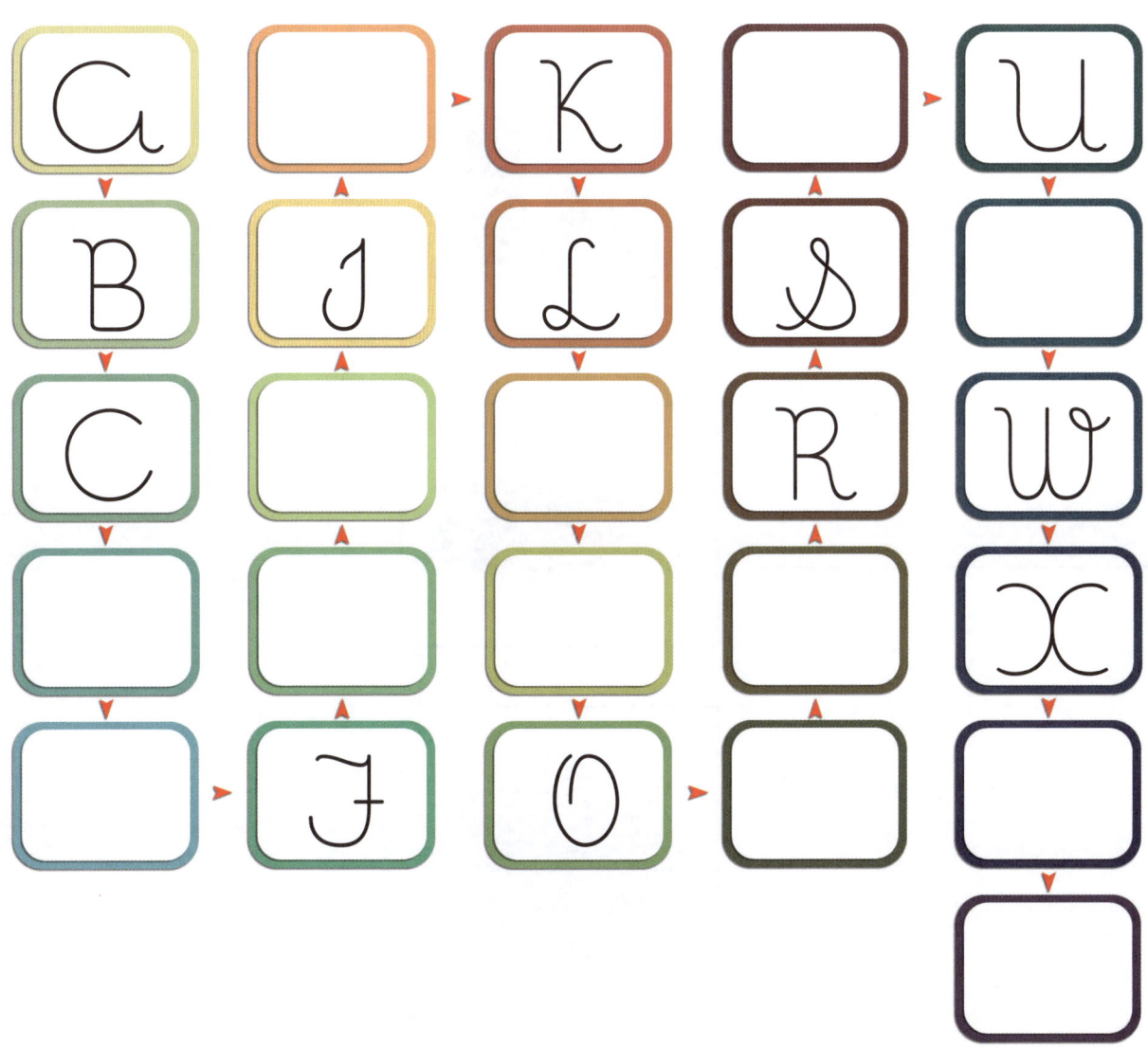

Treino ortográfico

M antes de p e b e no final das palavras

- Complete as palavras com a letra **m** e copie-as nas pautas.

po__ba

bato__

ta__bor

po__po__

- Cubra o texto e circule todas as palavras em que a letra **m** aparece no final.

Plim-plim

O alecrim
Foi plantado no xaxim.

A-A-Atchim!
Fez o espirro do Benjamim.

É de cetim
A fantasia do arlequim.

O papa-capim
Fugiu do jardim.

Lalau. *Bem-te-vi e outras poesias*. São Paulo: Companhia das Letrinhas, 1994. p. 30.

Sílabas

Cada vez que você abre a boca para falar, diz um pedacinho de palavra, o qual recebe o nome de **sílaba**.

Lorena Kaz

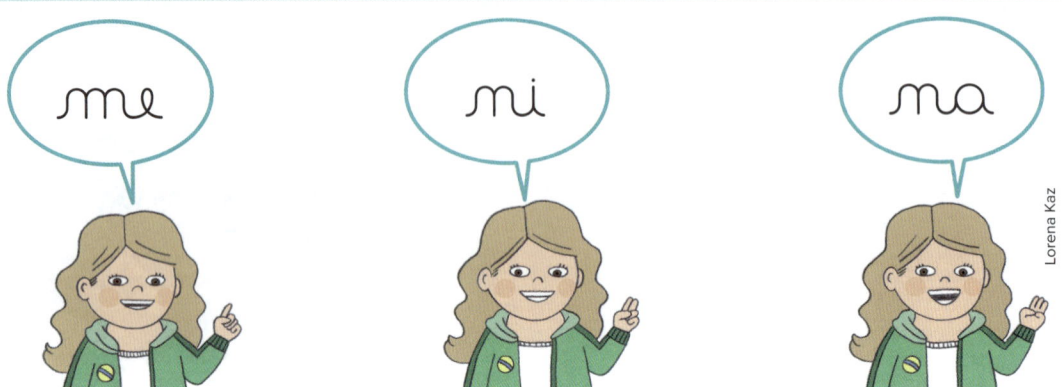

- Cubra o nome de cada bichinho e pinte somente as sílabas que formam cada um deles. Depois, escreva a quantidade de sílabas na bolinha.

aranha

a	sa	ra	co	nha

grilo

li	gri	fo	ra	lo

joaninha

jo	a	mi	ni	nha

Ilustrações: Carolina Sartório

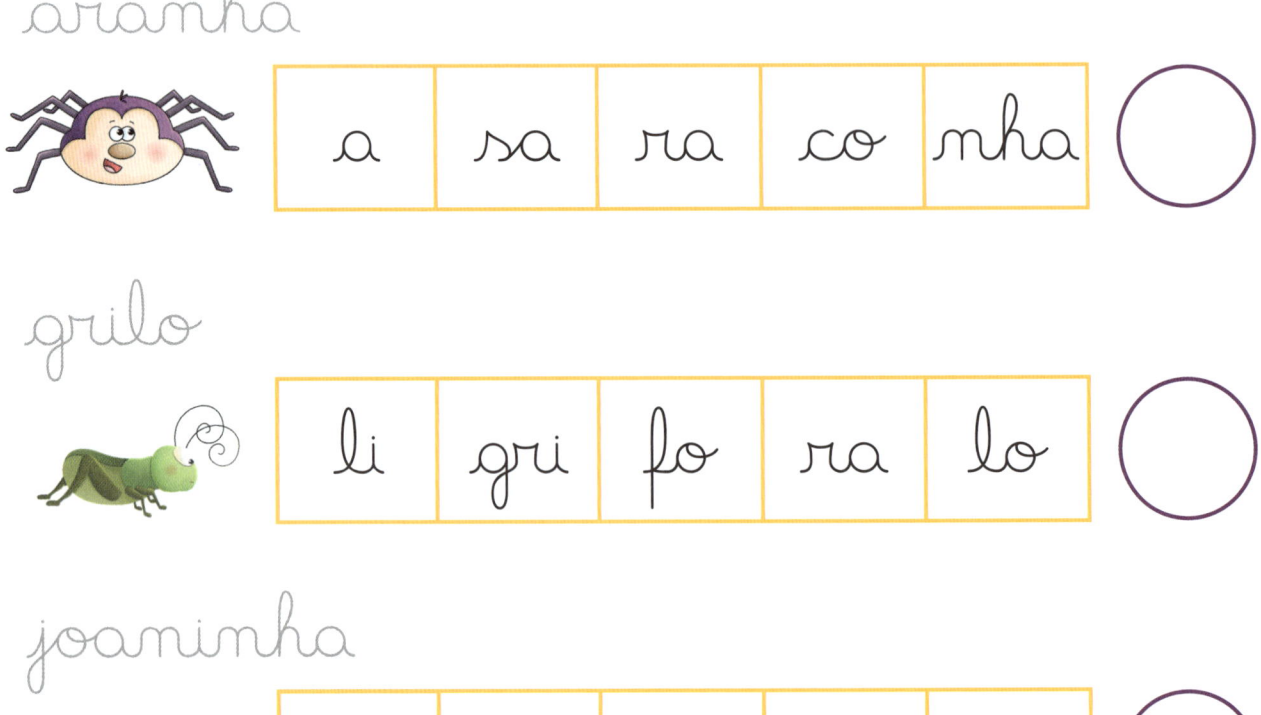

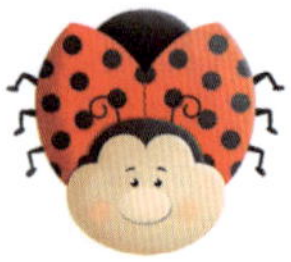

mosca

 | mi | mos | qui | ca | to | ◯

libélula

 | li | bé | lo | lu | la | ◯

formiga

 | fi | for | mi | gu | ga | ◯

borboleta

 | bor | ba | bo | le | ta | ◯

abelha

 | a | ca | be | lha | lho | ◯

gafanhoto

 | fu | ga | fa | nho | to | ◯

- Complete os diagramas de palavras escrevendo uma sílaba em cada quadrinho. Veja o modelo.

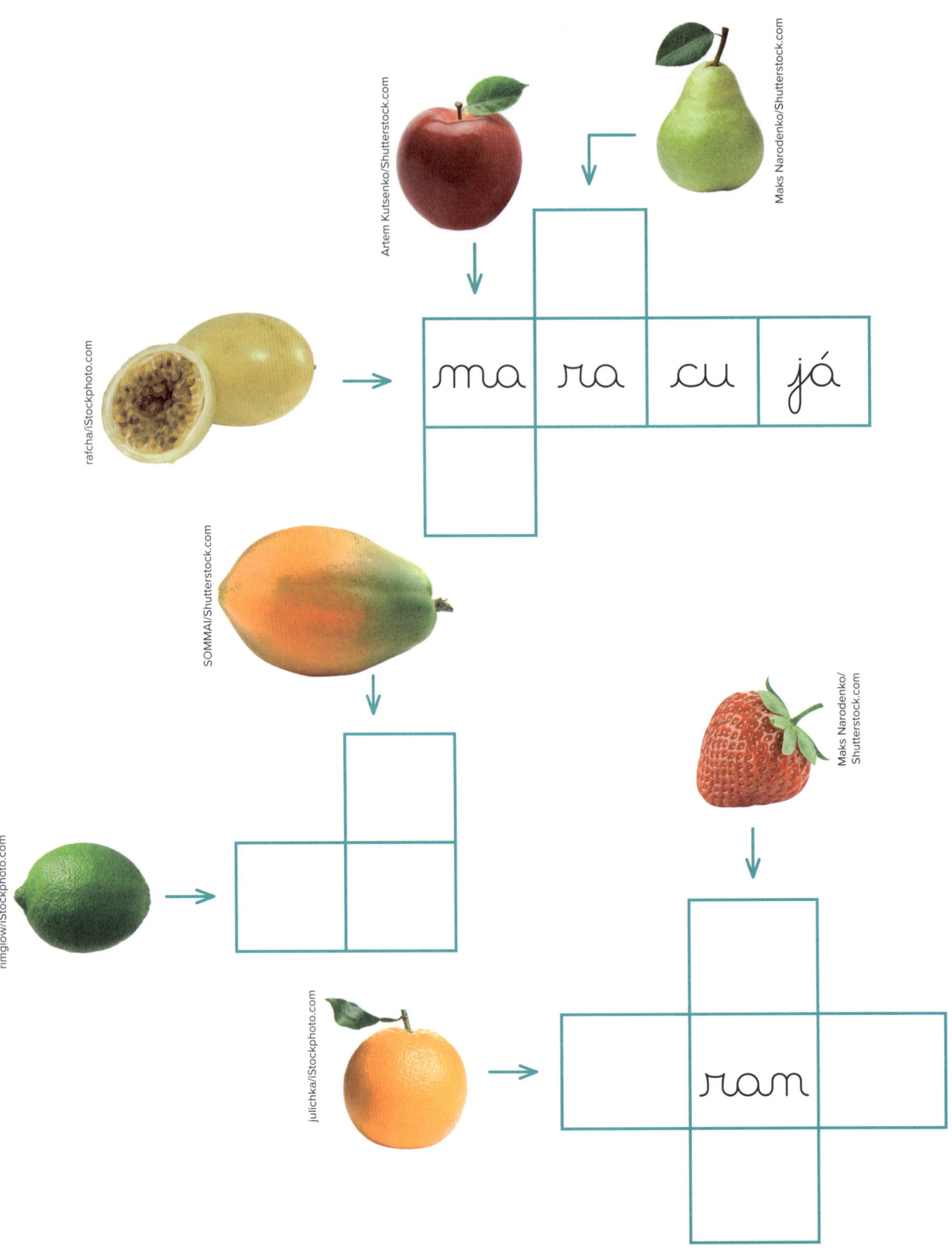

Palavras monossílabas

> **Monossílabas:** são palavras que têm **uma só sílaba**.

- Leia, cubra e transcreva as palavras monossílabas a seguir. Depois, faça um desenho para representá-las.

flor

sol

pá

pão

pé

Palavras dissílabas

Dissílabas: são palavras que têm **duas sílabas**.

- Junte as sílabas combinando a cor das placas e escreva as palavras dissílabas formadas.

- Agora, separe as sílabas das palavras a seguir.

pato   sapo   galo   rato

onça   tatu   foca   peru

- Cubra a lenga-lenga. Depois, circule as palavras monossílabas e sublinhe as dissílabas.

Um, dois, três, quatro.
Um, dois, três, quatro.
Quantos pelos tem o gato
Quando acaba de nascer?
Um, dois, três, quatro.

Lenga-lenga.

- Escolha uma das palavras que você circulou na lenga--lenga e crie uma frase com ela.

Palavras trissílabas

> **Trissílabas:** são palavras que têm **três sílabas**.

- Descubra seis palavras trissílabas no diagrama e pinte cada uma de uma cor diferente. Depois, separe as sílabas das palavras encontradas.

go	a	vi	ão	fi
bo	ne	ca	bu	xi
co	ra	pa	ne	la
ma	ca	co	pe	ro
so	va	sa	pa	to
ta	pe	te	ni	ra

36

Palavras polissílabas

Polissílabas: são palavras que têm **quatro ou mais sílabas**.

- Conte e escreva a quantidade de sílabas na bolinha ao lado de cada palavra. Depois, junte-as e escreva as palavras.

bi-ci-cle-ta

◯ sílabas

te-le-vi-são

◯ sílabas

hi-po-pó-ta-mo

◯ sílabas

ri-no-ce-ron-te

◯ sílabas

e-le-fan-te

◯ sílabas

Treino ortográfico

Palavras com ss

As letras **ss** formam um único som. Contudo, quando separamos as sílabas, elas não ficam juntas.

- Leia as palavras, ilustre-as e separe as sílabas delas nas pautas.

pássaro

pêssego

pessoa

osso

vassoura

girassol

- Cubra o trava-língua e leia-o o mais rápido que puder. Depois, circule as palavras com 🎵.

Passa passa passarás
Passarinho passarinheiro
Passa passamamaria
Passarinho passaguino.

Rosinha. *ABC do trava-língua*. São Paulo: Editora do Brasil, 2012. p. 19.

- Agora, siga as etapas para aprender a desenhar um passarinho.

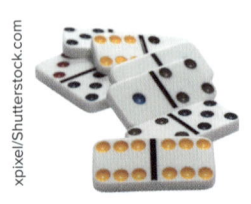

Acento agudo

Este sinal ´ é o **acento agudo**. Ele indica som aberto.

- Cubra as palavras e coloque nelas o acento agudo. Depois, escreva uma frase usando cada uma delas.

rádio

jacaré

café

dominó

Acento circunflexo

Este sinal ^ é o **acento circunflexo**. Ele indica som fechado.

- Cubra as palavras e coloque nelas o acento circunflexo. Depois, escreva uma frase usando cada uma delas.

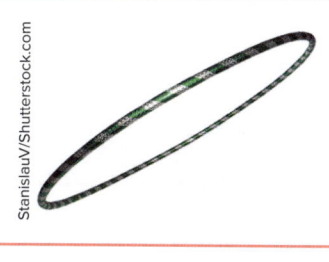

robo

lampada

onibus

bambole

Treino ortográfico
Palavras com rr

> As letras **rr** representam um único som. Contudo, quando separamos as sílabas, elas não ficam juntas.

- Leia as palavras, ilustre-as e separe as sílabas delas nas pautas.

carro

garrafa

marreco

gorro

torre

jarra

- Cubra o tracejado das palavras. Depois, complete o texto com elas na ordem em que estão apresentadas.

serra

serra

serrador

serrou

serrei

_____, _____,
_____

Quantas tábuas já _____?
Já _____ vinte e quatro:
Uma, duas, três, quatro!

Parlenda.

Til

Este sinal ~ se chama **til**. Ele indica um som nasal.

- Cubra as palavras e coloque o til nelas. Depois, escreva uma frase usando cada uma delas.

maça

mamae

irmaos

paes

Cedilha

Este sinal ¸ se chama **cedilha**. Quando necessário, ele é usado embaixo da letra **c** e apenas antes das letras **a**, **o** e **u**. Não esqueça: não usamos este sinal no início de palavras.

- Cubra, leia e transcreva as palavras. Depois, pinte as ilustrações.

laço   taça   coração

moça   palhaço   caroço

- Leia a rima e circule as palavras em que o ç aparece. Depois, escreva-a nas linhas caprichando na letra e ilustre-a.

O palhaço dança que dança.

Bota uma mão na cabeça

E a outra na pança.

Texto criado especialmente para esta obra.

Treino ortográfico

Palavras com ch

As letras **ch** formam um único som e, quando separamos as sílabas, as duas letras ficam juntas.

- Descubra e contorne seis figuras que estão escondidas. Use uma cor diferente para cada figura.

- Quais figuras você encontrou? Escreva o nome delas nas pautas.

- Cubra as palavras. Depois, complete a parlenda com elas, na ordem em que estão apresentadas.

Chove
chuva
chuvisquinho
Chove
chuva
chuvarada

☐ , ☐ , ☐ ,

Minha calça tem furinho.

☐ , ☐ , ☐ ,

Minha calça tá furada.

Parlenda.

Frase

As palavras formam **frases**. Uma **frase** começa com letra maiúscula e termina com um sinal de pontuação.

- Cubra as palavras e ordene-as formando frases.

feliz.   está
Branca de Neve

_____

visitou   lugar
Alice   um   mágico.

_____

lobo   O   na
deitou   cama.

_____

Afirmativa

> Uma frase pode **afirmar** alguma coisa. Esse tipo de frase recebe o nome de **afirmativa**.

- Cubra e leia as frases afirmativas, observando o ponto final. Depois, circule e transcreva as duas que combinam com a imagem.

Aladim passeia no tapete

Aladim tem um coelho.

A lâmpada é de Aladim.

- Responda com uma frase afirmativa.

1. Você sabe desenhar?

2. Você gosta da nossa escola?

3. Você é uma criança educada?

4. Você toma suco de laranja?

5. Você terminou esta atividade?

Negativa

Uma frase também pode **negar** alguma coisa. Esse tipo de frase recebe o nome de **negativa**.

- Transforme as frases afirmativas em negativas.

Cinderela era invejosa.

A madrasta levou Cinderela ao baile.

O sapatinho era de veludo.

- Transforme as frases afirmativas em negativas.

1. Eu tomei banho de chuva.

2. Mamãe gostou do filme.

3. A aula terminou.

4. Hoje eu comi biscoito.

5. É hora da recreação.

Interrogativa

Chamamos de **interrogativa** a frase que faz uma pergunta. Nesse tipo de frase é usado o **ponto de interrogação** ? no fim dela. O ponto de interrogação indica uma pergunta.

- Observe a imagem e cubra a frase interrogativa, observando o sinal. Depois, crie outras frases interrogativas com a mesma imagem.

Carolina Sartório

Você conhece a história da Bela e a Fera?

- Complete o texto cobrindo as palavras e colocando o ponto de interrogação nos quadrinhos.

— Você quer brincar de pique ▢
— Quero!
— É de pique e picolé ▢
— É.
— Quantos piques você quer ▢
— Quatro.
— Um, dois, três, quatro.

Parlenda.

Exclamativa

> Nas frases **exclamativas** usamos o **ponto de exclamação** !, que indica surpresa, medo, espanto, admiração etc.

- Cubra a frase exclamativa, observando o sinal. Depois, leia e copie as demais frases.

Os porquinhos são animados!
— Que cheiro bom de porquinho!

— Depressa, abra a porta!
O lobo está atrás de mim!

- Coloque o ponto de exclamação dentro de cada quadrinho e, depois, copie o texto. Pinte a ilustração se desejar.

— Boa noite, lua ☐ — digo

baixinho, fechando os olhos — Ah,

e que você tenha sonhos felizes ☐

Pilar Ramos. *Um longo dia*. São Paulo: Editora do Brasil, 2007. p. 29.

Treino ortográfico
Palavras com lh

> As letras **lh** formam um único som e ficam juntas quando separamos as sílabas.

- Leia as palavras, ilustre-as e separe as sílabas delas nas pautas.

medalha   bilhete   velhice

repolho   orelhudo   folha

- **Complete o desenho. Depois, cubra a quadrinha com capricho e circule nela as palavras em destaque.**

olhos orelhas

Camila de Godoy

Dois olhos, duas orelhas.
Mas a boca não tem par.
Assim, é mais prudente
Ver, ouvir, do que falar.

Parlenda.

Substantivo

Tudo tem nome. As palavras que usamos para dar nomes a pessoas, animais, objetos, lugares etc. chamam-se **substantivos**.

- Cubra os nomes e ligue-os a sua respectiva imagem.

Grilo Falante

nariz

Pinóquio

camisa

boneco

sapato

Substantivo comum

O **substantivo comum** nomeia todos os seres de uma mesma espécie e são escritos com **letras minúsculas**.

- Observe mais a imagem e escreva nas pautas três substantivos comuns que aparecem nela.

Substantivo próprio

O **substantivo próprio** nomeia determinado ser de uma espécie. É escrito com **letra maiúscula** e dá nome a pessoas, animais e lugares.

- Escreva um substantivo próprio para cada fotografia.

- Cubra os substantivos próprios e, depois, escreva-os nas pautas completando o texto de acordo com a rima.

José   Juju

Lili   Gigi

Sinhá   Timoco

Brandão

Tem picolé, seu _____.
É de murici, dona _____.
É de abacaxi, seu _____.
É de coco, seu _____.
É de caju, dona _____.
É de maracujá, dona _____.
É um tremendão, seu _____.

Josca Ailine Barouki e Lucila Silva de Almeida. *Parlendas para brincar*. São Paulo: Panda Books, 2013. p. 13.

- Cubra e aprenda o trava-língua. Depois, circule os substantivos sublinhados em comum ou próprio, de acordo com as cores da legenda.

(Substantivo comum)   (Substantivo próprio)

O rato Romeu

O rato Romeu
Roeu roeu roeu
A roupa da rainha
  do rei da Rússia
O rato Romeu
Roeu roeu roeu
O meu pobre urso de pelúcia [...]

Almir Correia. *Trava-língua, quebra-queixo, rema-rema, remelexo.* São Paulo: Cortez, 2008. p. 22.

- Escreva o nome de:

uma pessoa

uma cidade

uma escola

Substantivos masculino e feminino

> Os substantivos podem ser de **dois gêneros**: masculino ou feminino.

- Cubra as palavras do quadro e separe-as nos grupos.

| tia   amiga   tio   amigo |
| menino   irmã   irmão |
| avó   avô   menina |

masculino   **feminino**

_____   _____

_____   _____

_____   _____

_____   _____

_____   _____

> Antes dos substantivos masculinos usamos artigos masculinos: **o**, **os**, **um**, **uns**.
> Antes dos substantivos femininos usamos artigos femininos: **a**, **as**, **uma**, **umas**.

- Passe os substantivos para o feminino observando os artigos.

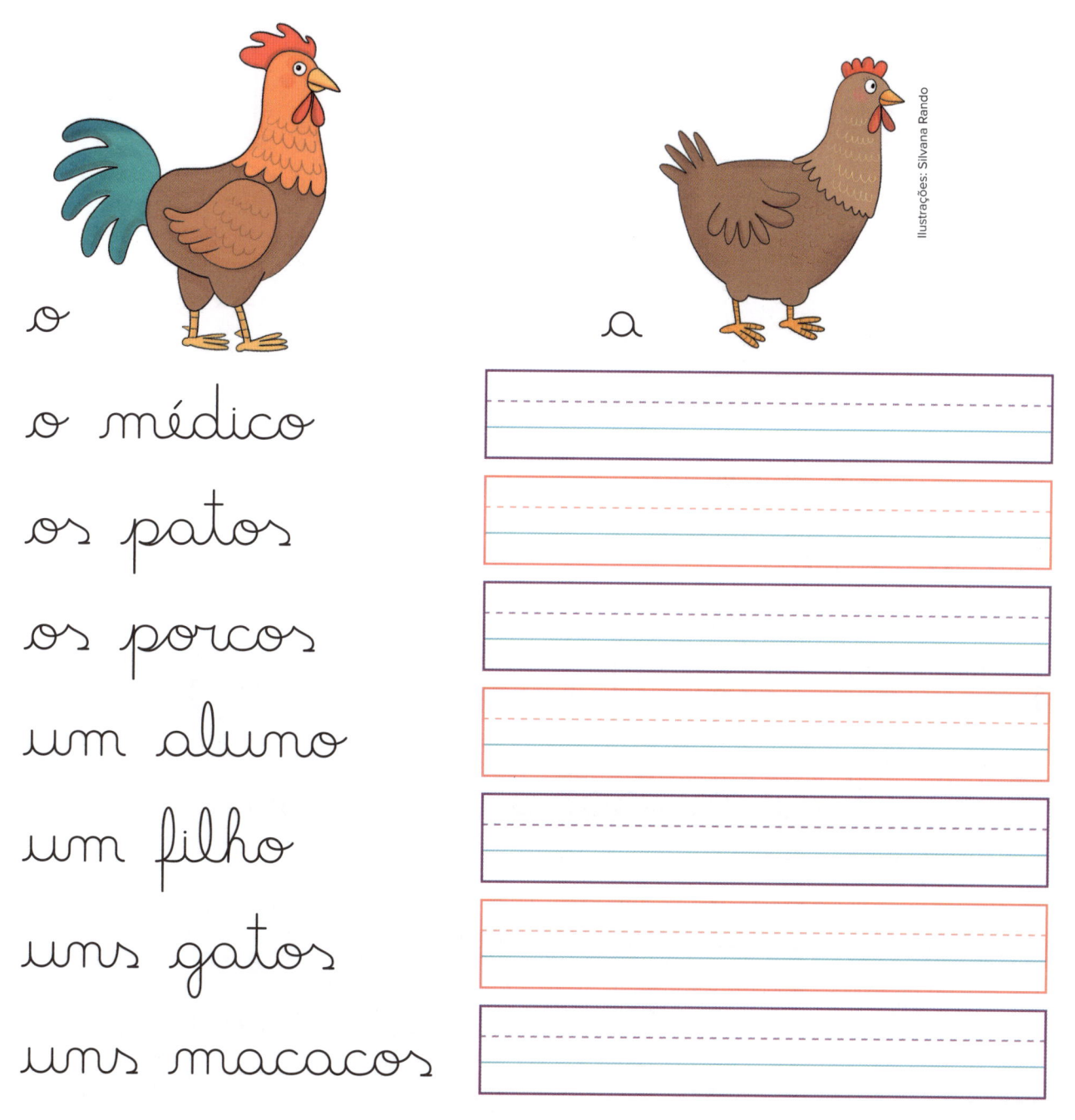

o

a

o médico

os patos

os porcos

um aluno

um filho

uns gatos

uns macacos

- Cubra o tracejado dos artigos e substantivos masculinos e femininos. Depois, complete a parlenda com eles, na ordem em que estão apresentados. Pinte a cena de forma bem bonita.

Um galo
uma galinha
O galo
a galinha

_____ e _____

foram para Portugal.

_____ foi de saia

e _____ de avental.

Parlenda.

Substantivos no singular e no plural

Os substantivos variam quanto ao **número**: singular e plural.

Singular indica apenas uma coisa.

Plural indica duas ou mais coisas.

- Cubra as palavras e continue o exercício.

o macaco   *os macacos*

• Cubra as palavras e complete as frases com a que for adequada, no singular ou no plural.

1. Eu tenho dois _____.

   olho   olhos

2. Perdi meu _____.

   pincel   pincéis

3. Eu vi muitos _____.

   sapo   sapos

4. O _____ dormiu.

   bebê   bebês

5. Meus _____ chegaram!

   tio   tios

- Faça o plural conforme indicado.

| Acrescente s |

boneca — bonecas

livro — ____

jogo — ____

| Acrescente es |

flor — flores

amor — ____

cor — ____

senhor — ____

tambor — ____

luz — ____

rapaz — ____

cartaz — ____

Troque m por ns

trem → trens

bombom

jardim

homem

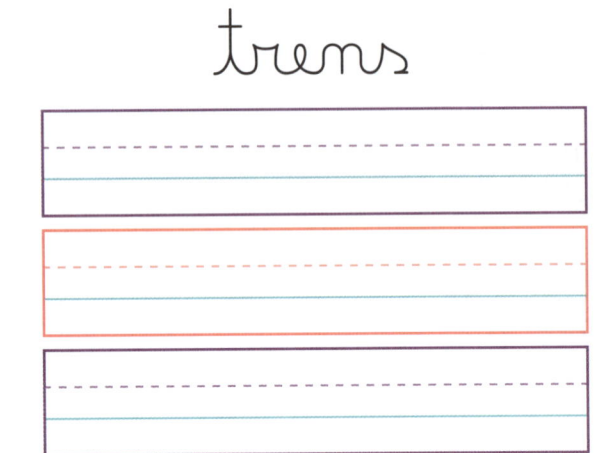

Troque il por is ou eis

barril → barris

infantil

canil

fértil → férteis

réptil

fóssil

70

Troque **el** por **eis** ou **éis**

automóvel   automóveis
túnel
móvel
anel   anéis
carretel
carrossel

Troque **al** por **ais**

animal   animais
jornal
sinal

Troque **ol** por **óis**

girassol　　　girassóis

caracol

lençol

Troque **ão** por **ãos** ou **ões** ou **ães**

irmão　　　irmãos

mão

avião

botão　　　botões

pião

cão　　　cães

pão

alemão

- Cubra e copie o trava-língua. Depois, fale-o bem rápido e pinte a cena.

Três pratos de trigo
Para três tigres tristes.

Trava-língua.

Substantivo no grau diminutivo

Os substantivos variam quanto ao **grau**: **aumentativo** e **diminutivo**.

Quando estão no tamanho **pequeno**, estão no grau **diminutivo**.

- Cubra e leia as palavras no diminutivo.

barquinho   aviãozinho   bolinha

carrinho   bonequinha

- Agora, complete cada frase com uma das palavras que você cobriu.

a) Uma _____ pequena é uma _____.

b) Um _____ pequeno é um _____.

c) Um _____ pequeno é um _____.

d) Um _____ pequeno é um _____.

e) Uma _____ pequena é uma _____.

- Cubra o texto e circule as palavras que aparecem no diminutivo.

"Ah! Meus três gatinhos
São tão bonzinhos!",
Disse a mamãe toda contente.
"Concordo, dona gata!",
Disse um ratinho ali presente.

Os três gatinhos. Curitiba: Libris, 2012. p. 11.

- Agora, desenhe a mamãe dos gatinhos.

Substantivo no grau aumentativo

Quando os substantivos estão no tamanho **grande**, estão no grau **aumentativo**.

- Cubra e leia as palavras no aumentativo.

coelhão   leãozão   patão

camelão   macacão   porção

- Agora, escreva o nome de cada animal no aumentativo.

- Leia e copie o texto com capricho. Depois, circule a palavra que está no aumentativo.

O beijo deste leão

faz aquele barulhão!

Ruáááááá!!!

Rosângela Lima. *Beijo de bicho*. São Paulo: Cortez, 2011. p. 24.

- Leia as palavras, cubra os diminutivos e escreva os aumentativos. Veja o modelo.

urso   ursinho   ursão

irmão   irmãozinho

amigo   amiguinho

nariz   narizinho

chinelo   chinelinho

pé   pezinho

chapéu   chapeuzinho

sorriso   sorrisinho

Treino ortográfico
Palavras com nh

> As letras **nh** formam um único som e ficam juntas quando separamos as sílabas.

- Leia as palavras, ilustre-as e separe as sílabas delas nas pautas.

caminhão

minhoca

galinha

banhista

ninho

dinheiro

- Cubra e leia o texto rimado. Depois, circule as palavras em que aparecem *nh* e escreva-as nas pautas.

Cegonha

Bem no alto, no telhado,
A cegonha fez seu ninho.
Mesmo de longe fica atenta,
Para não perder seus ovinhos.

Um dia no campo. Trad. Michele de Souza Lima. São Paulo: Ciranda Cultural, 2011. p. 7. (Coleção Livro Sonoro dos Animais).

Carolina Sartório

80

Adjetivo

A palavra que acrescenta qualidade ao sujeito é chamada de **adjetivo**.

- Cubra os adjetivos dados à menina e escreva nas pautas outros adjetivos para o ursinho de pelúcia dela.

concentrada
inteligente
educada
estudiosa
esperta
bonita

- Pinte o adjetivo que completa a frase rimando-a. Depois, escreva a frase completa.

Rita é a garota mais
[incrível] [bonita] [vaidosa]

João é muito
[brincalhão] [calmo] [novo]

Daniel é meu irmão
[irritado] [amoroso] [fiel]

Rosa é toda
[atenta] [dengosa] [sapeca]

- Cubra o tracejado dos adjetivos e complete o texto com eles, na ordem em que estão apresentados. Depois, ilustre o texto.

melenga   Um é _____
forçudo   Outro é _____
gaiato   Um é _____
sisudo   Outro é _____

Tatiana Belinky. *Diversidade*. São Paulo: Quinteto Editorial, 1999. p. 14.

Números

- Recorde os números de 0 a 9 escrevendo-os nas pautas.

0 – zero

1 – um

2 – dois

3 – três

4 – quatro

5 – cinco

6 – seis

7 – sete

8 – oito

9 – nove

Família do 10

- Pinte, cubra e transcreva o número **10**. Leia e transcreva, também, o nome desse número.

10	10	10	10	10	10	10

10						

dez

- Cubra as adições e complete o quadro. Depois, transcreva a família do **10**.

10 + 1 = 11
10 + 2 = 12
10 + 3 = 13
10 + 4 = 14
10 + 5 = 15
10 + 6 = 16
10 + 7 = 17
10 + 8 = 18
10 + 9 = 19

10 +	
1	
2	
3	
4	
5	
6	
7	
8	
9	

10

Família do 20

- Pinte, cubra e transcreva o número 20. Leia e transcreva, também, o nome desse número.

20	20	20	20	20	20	20

20						

vinte

- Cubra as adições e complete o quadro. Depois, transcreva a família do **20**.

20 +	
1	
2	
3	
4	
5	
6	
7	
8	
9	

$20 + 1 = 21$

$20 + 2 = 22$

$20 + 3 = 23$

$20 + 4 = 24$

$20 + 5 = 25$

$20 + 6 = 26$

$20 + 7 = 27$

$20 + 8 = 28$

$20 + 9 = 29$

20

Família do 30

- Pinte, cubra e transcreva o número **30**. Leia e transcreva, também, o nome desse número.

30	30	30	30	30	30	30

30					

trinta

- Cubra as adições e complete o quadro. Depois, transcreva a família do **30**.

30 + 1 = 31
30 + 2 = 32
30 + 3 = 33
30 + 4 = 34
30 + 5 = 35
30 + 6 = 36
30 + 7 = 37
30 + 8 = 38
30 + 9 = 39

30 +
1
2
3
4
5
6
7
8
9

30

Família do 40

- Pinte, cubra e transcreva o número 40. Leia e transcreva, também, o nome desse número.

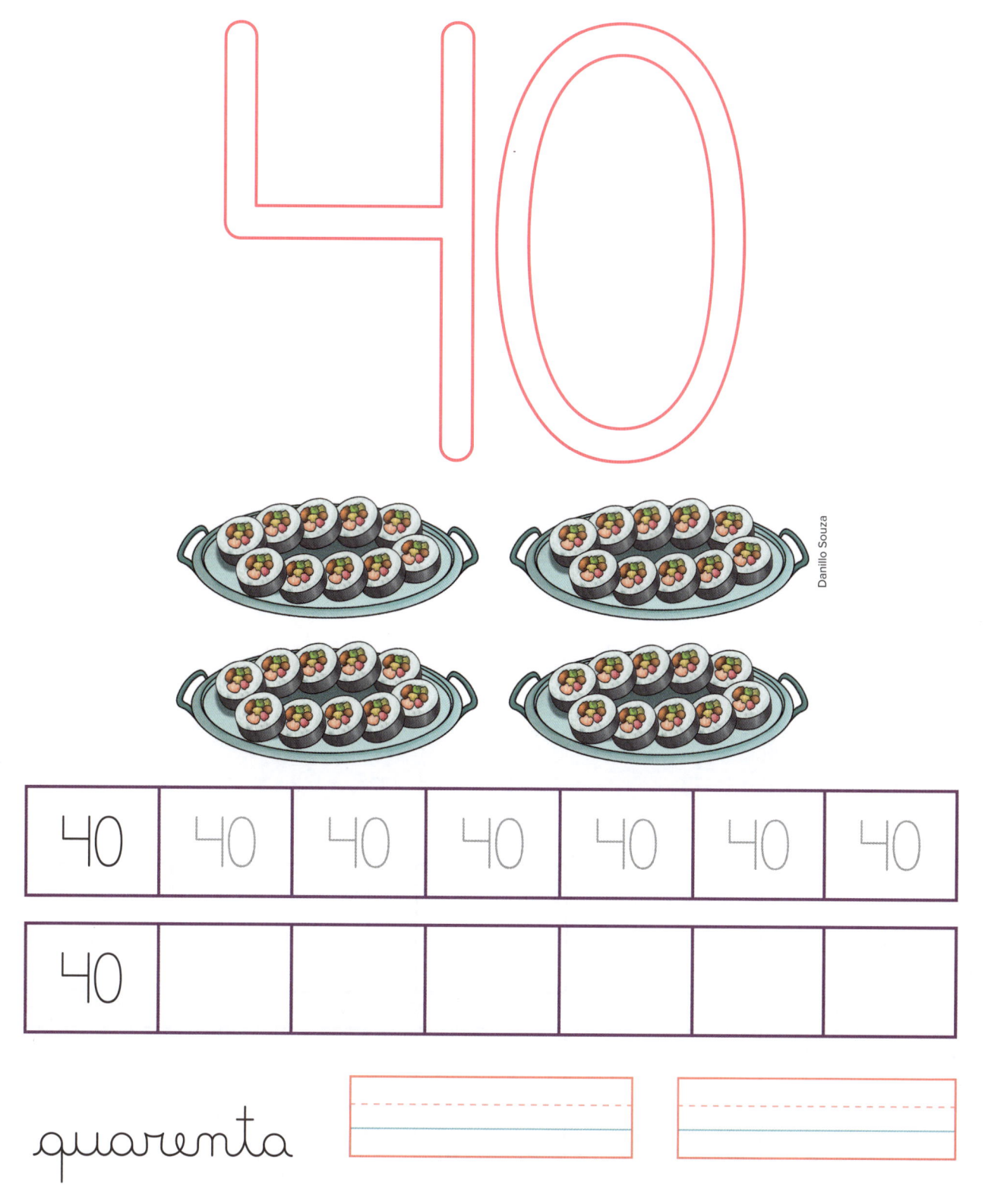

40	40	40	40	40	40	40

40					

quarenta

- Cubra as adições e complete o quadro. Depois, transcreva a família do **40**.

40 + 1 = 41
40 + 2 = 42
40 + 3 = 43
40 + 4 = 44
40 + 5 = 45
40 + 6 = 46
40 + 7 = 47
40 + 8 = 48
40 + 9 = 49

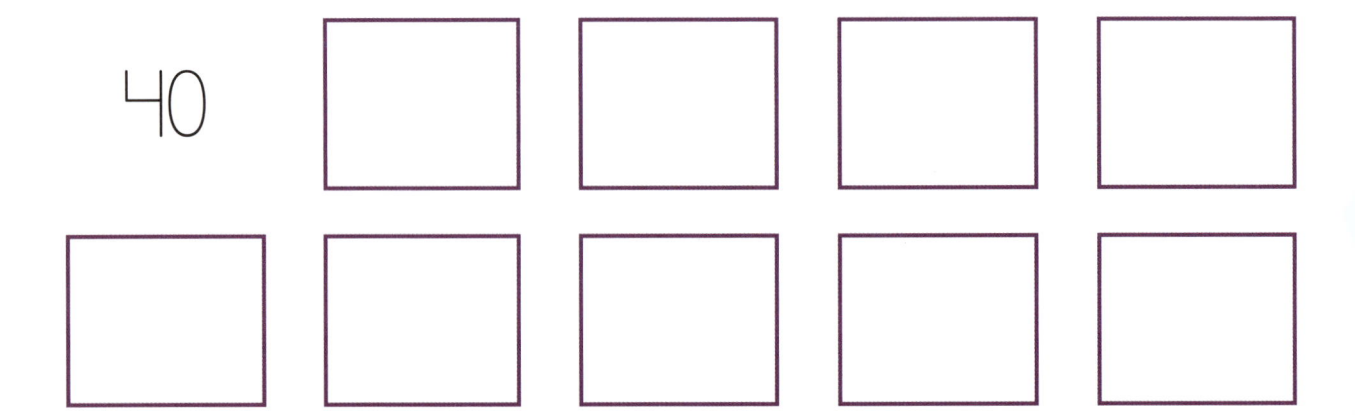

40 +
1
2
3
4
5
6
7
8
9

40

Família do 50

- Pinte, cubra e transcreva o número **50**. Leia e transcreva, também, o nome desse número.

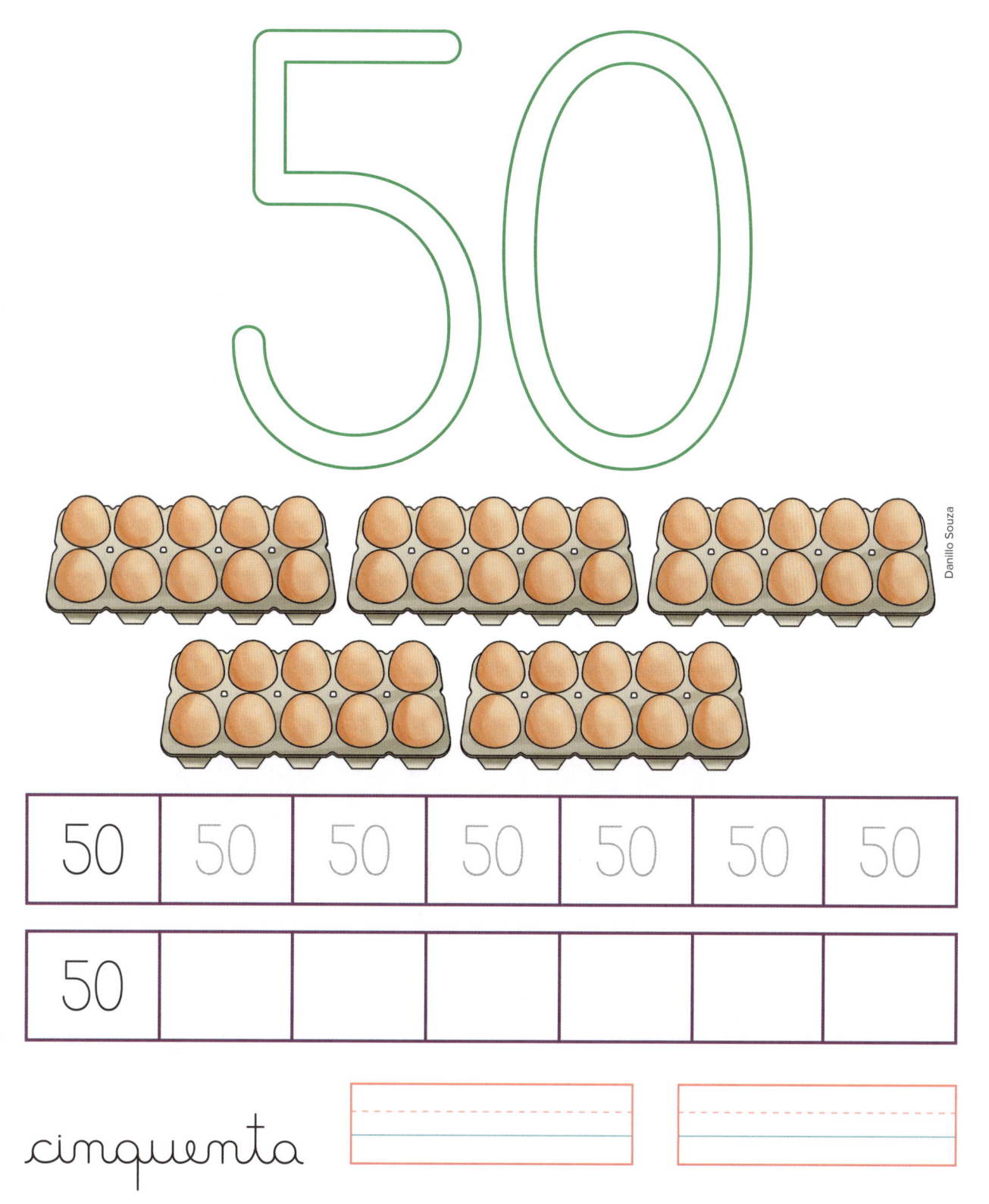

50	50	50	50	50	50	50

50						

cinquenta

- Cubra as adições e complete o quadro. Depois, transcreva a família do **50**.

50 + 1 = 51
50 + 2 = 52
50 + 3 = 53
50 + 4 = 54
50 + 5 = 55
50 + 6 = 56
50 + 7 = 57
50 + 8 = 58
50 + 9 = 59

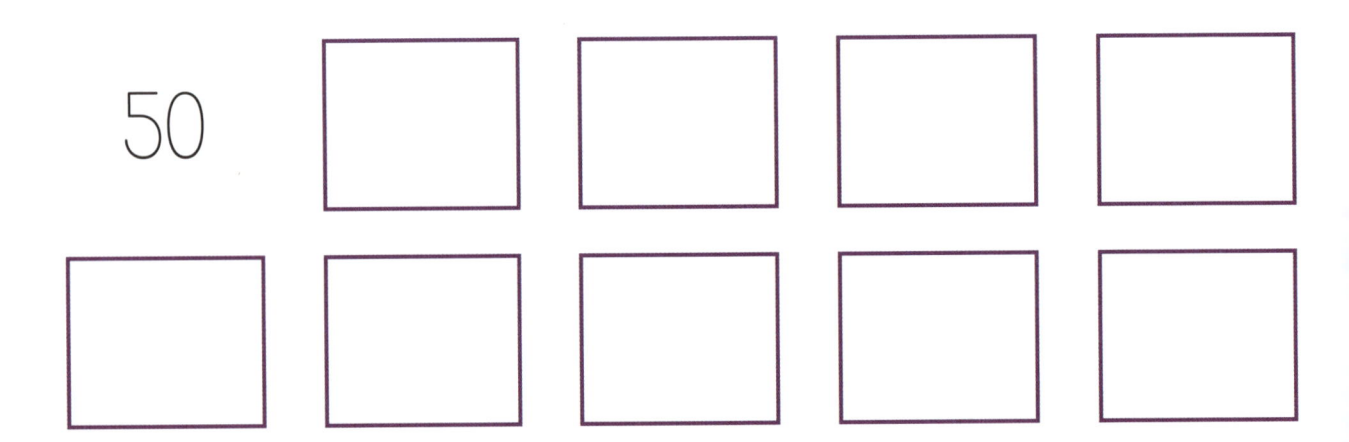

50 +
1
2
3
4
5
6
7
8
9

50

Família do 60

- Pinte, cubra e transcreva o número **60**. Leia e transcreva, também, o nome desse número.

60	60	60	60	60	60	60

60					

sessenta

- Cubra as adições e complete o quadro. Depois, transcreva a família do **60**.

60 + 1 = 61
60 + 2 = 62
60 + 3 = 63
60 + 4 = 64
60 + 5 = 65
60 + 6 = 66
60 + 7 = 67
60 + 8 = 68
60 + 9 = 69

60 +
1
2
3
4
5
6
7
8
9

60

Família do 70

- Pinte, cubra e transcreva o número **70**. Leia e transcreva, também, o nome desse número.

70	70	70	70	70	70	70
70						

setenta

- Cubra as adições e complete o quadro. Depois, transcreva a família do **70**.

70 + 1 = 71
70 + 2 = 72
70 + 3 = 73
70 + 4 = 74
70 + 5 = 75
70 + 6 = 76
70 + 7 = 77
70 + 8 = 78
70 + 9 = 79

70 +
1
2
3
4
5
6
7
8
9

70

Família do 80

- Pinte, cubra e transcreva o número **80**. Leia e transcreva, também, o nome desse número.

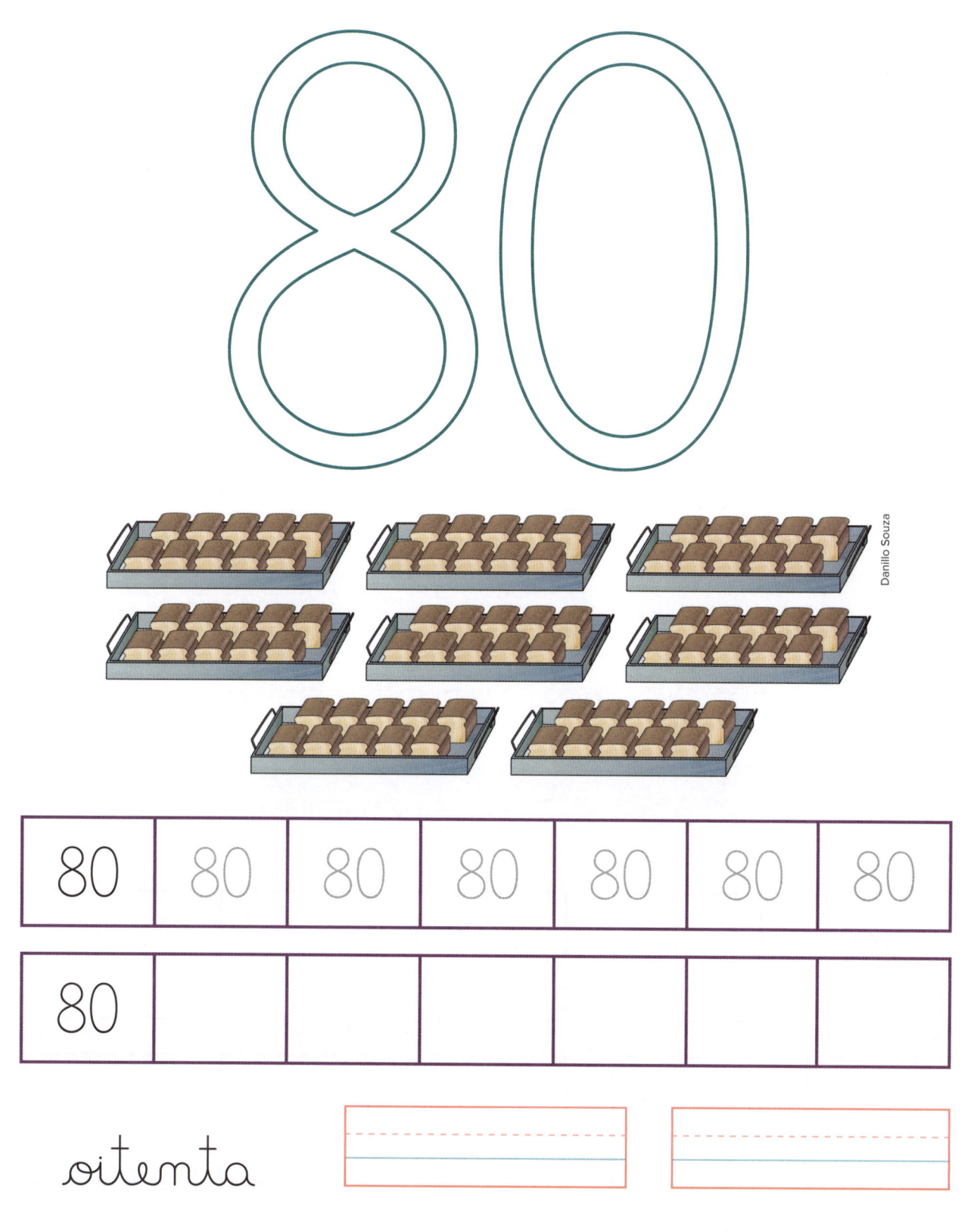

80	80	80	80	80	80	80
80						

oitenta

- Cubra as adições e complete o quadro. Depois, transcreva a família do **80**.

80 +
1
2
3
4
5
6
7
8
9

80 + 1 = 81
80 + 2 = 82
80 + 3 = 83
80 + 4 = 84
80 + 5 = 85
80 + 6 = 86
80 + 7 = 87
80 + 8 = 88
80 + 9 = 89

80 ☐ ☐ ☐ ☐
☐ ☐ ☐ ☐ ☐

Família do 90

- Pinte, cubra e transcreva o número **90**. Leia e transcreva, também, o nome desse número.

90	90	90	90	90	90	90

90						

noventa

- Cubra as adições e complete o quadro. Depois, transcreva a família do **90**.

90 + 1 = 91
90 + 2 = 92
90 + 3 = 93
90 + 4 = 94
90 + 5 = 95
90 + 6 = 96
90 + 7 = 97
90 + 8 = 98
90 + 9 = 99

90 +
1
2
3
4
5
6
7
8
9

90

Número 100

- Pinte, cubra e transcreva o número **100**. Leia e transcreva, também, o nome desse número.

100	100	100	100	100	100	100

100					

cem

- Conte as flores de **10** em **10** e anote os números na tabela.

(1 buquê)	10
(2 buquês)	
(3 buquês)	
(4 buquês)	
(5 buquês)	
(6 buquês)	
(7 buquês)	
(8 buquês)	
(9 buquês)	
(10 buquês)	

- Escreva de **11** a **99** nas pautas.

0 - 1 - 2 - 3 - 4 - 5 - 6 - 7 - 8 - 9

10 -

20 -

30 -

40 -

50 -

60 -

70 -

80 -

90 -

100.

Datas comemorativas

Carnaval

- Crie e desenhe um rosto para cada fantasia. Depois, pinte todos os foliões e copie o texto.

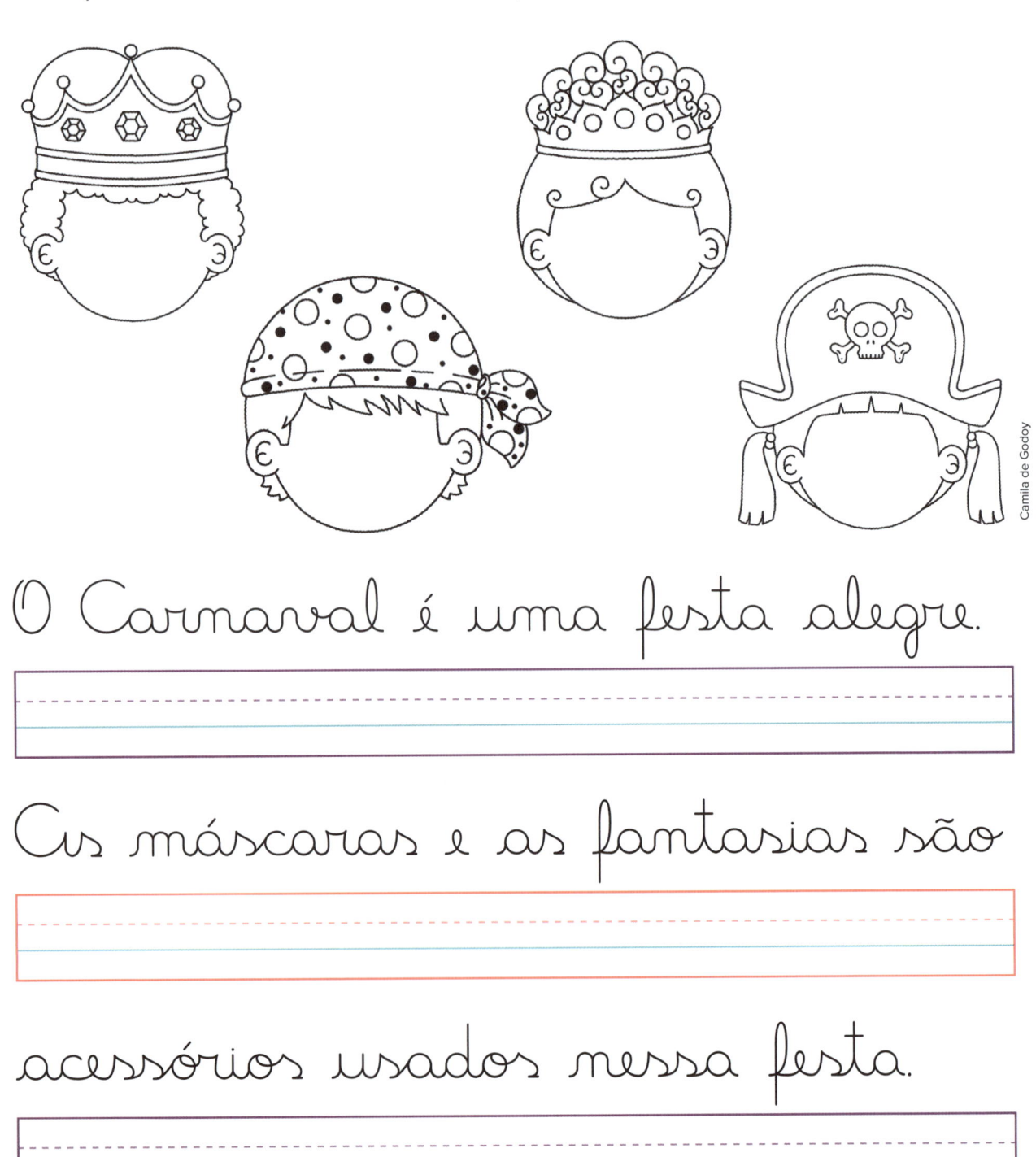

O Carnaval é uma festa alegre.

As máscaras e as fantasias são

acessórios usados nessa festa.

Páscoa

- Pinte cada ovo igual ao seu respectivo modelo e copie o texto com capricho.

A festa da Páscoa é uma

comemoração cristã.

O coelho e o ovo são alguns

dos símbolos da Páscoa.

Dia do Índio – 19 de abril

- Escute a lenda indígena do guaraná que o professor contará. Depois, copie a frase e pinte a cena.

Segundo a lenda, Cguiry era

um alegre e saudável

indiozinho do povo maué...

Dia das Mães – 2º domingo de maio

- Faça um lindo desenho dentro do coração para homenagear sua mãe ou a pessoa que cuida de você com muito amor. Depois, cubra a quadrinha com capricho.

Já disse alguém certa vez
Em belo e inspirado verso
Que o coração das mamães
É maior que o Universo.

Quadrinha.

Festas Juninas – mês de junho

- Pintura livre.

- Cubra a frase com capricho.

A corrida com o ovo na colher é uma brincadeira divertida que faz parte das Festas Juninas nos pátios das escolas.

Dia dos Pais – 2º domingo de agosto

- Complete o desenho com as características de seu pai ou da pessoa que cuida de você e complete as frases com letra cursiva.

Minha lembrança favorita do meu pai é:

_____
_____
_____
_____

Ele é sempre:

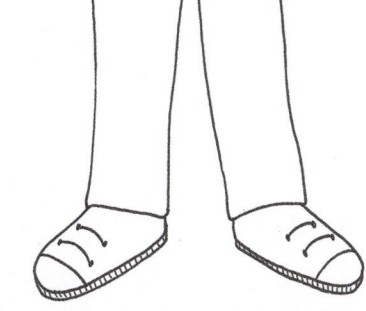

_____
_____

Aqui está sua comida favorita.

O nome do meu pai é:

_____

Meu pai tem _____ anos.
Ele é tão bom em:

_____
_____
_____

Isto faz meu pai rir:

_____
_____
_____

Dia da Criança – 12 de outubro

- Brinque de entrar e sair do labirinto. Depois, cubra o texto usando canetinha hidrocor de sua cor preferida.

Grande é a poesia, a bondade e as danças...
Mas o melhor do mundo são as crianças.

Fernando Pessoa.